겨울나무는 잎을 버린다

국립중앙도서관 출판예정도서목록(CIP)

겨울나무는 잎을 버린다 : 정진헌 시집 / 지은이: 정진헌. -
- 대전 : 지혜, 2014
  p. ;   cm. -- (지혜사랑 ; 115)

ISBN 979-11-5728-010-0 03810 : ₩9000

한국 현대시[韓國現代詩]

811.7-KDC5
895.715-DDC21   CIP2014028572

지혜사랑 115

겨울나무는 잎을 버린다

정진헌

시인의 말

시 쓰기는
나에게 위안과 구원이었다
시의 가슴으로
세상의 아픔을 끌어안고 싶었다
지난날의 아픔들,
이제 시적 삶과 진실로 다시 태어났다
가족을 비롯해 고마운 분들이 많다
시집으로 그 마음을 전한다

2014년
정진헌

차례

시인의 말 — 5

1부 파도

파도 — 12
담쟁이처럼 — 13
플라타너스 1 — 14
수국도水國島 — 15
와이퍼 1 — 16
글을 쓴다는 것이 — 17
달래강 — 19
겨울나무 — 20
민들레처럼 — 21
매미 — 22
화이트 크리스마스 — 23
직박구리 — 25
단풍나무 — 26
낙엽 — 27
청춘 — 28

2부 문어

문어	30
분수	31
나무는	32
중앙탑에서	33
서울, 여름나기	34
J형	36
소남이	37
겨울산행 1	38
겨울산행 2	39
겨울산행 3	40
나는 선생이 아니다	41
실직 2	43
플라타너스 3	44
모래시계 1	45
모래시계 2	46
바느질	47

3부 나를 버린다

나를 버린다	50
아파트	52
4월	53
일삼오구	54
신천 로데오거리에서	55
모래시계 3	56
모래시계 4	57
진눈깨비	58
김노인	59
새	61
달	62
등나무	63
행복	64
장마전선이 북상하던 그날	66
새안길	68
하시리 여인	70

4부 물방울

물방울 ——— 72
수해 1 ——— 74
수해 2 ——— 75
고무장화 ——— 76
아버지 1 ——— 77
왜 ——— 78
어린 잣나무 ——— 79
검은 봉지 ——— 80
어머니 1 ——— 81
어머니 2 ——— 82
목어 ——— 83
고향 ——— 84

5부 도서관에 간 아빠

도서관에 간 아빠	86
106동 아이들	88
미륵도	89
실버카	90
까치	91
운동화	92
가을	93
홍학	94
와이셔츠	95
아빠	96
가을꽃	97

해설 • 존재론적 성찰과 소셜 휴머니즘 • 김영철 ─ 100

· 일러두기
  한 연이 첫 번째 행에서 시작될 때는 > 로 표시합니다.

1부

파도

파도

무엇을 위해
누구를 위해
너는 그렇게 모래알들을
쌓아만 가는가
너의 영원한 호흡 속에
여전히
남겨진 것은 생채기뿐,
지워진 발자국들이
이제는
위태로운 절벽으로
다시 일어나는데,
가슴에 멍이 들고
하얀 거품을 토해내면서
무엇을 위해
누구를 위해
너는 그렇게 모래알들을
쌓아만 가는가

담쟁이처럼

그렇게 살았습니다
젊은 날
푸른 열정 하나만으로
벽을 오르며 살았습니다
아무것도 바랄 것 없는
삶인 줄 알면서도
그렇게 외로이
당신만을 의지한 채
뿌리를 내리고 살았습니다
당신과 하나가 되기 위해
여름 지나
가을 내 붉은 울음을 울며 살았습니다
어느 겨울날
당신과 함께 수놓은
아름다운 추억의 길을 걷기 위해
그렇게 살았습니다

플라타너스 1

장마가 시작되면 플라타너스는
서로의 상처를 나누어 가진다
쏟아지는 빗방울의 무게가 힘겨운지
가지마다 잎새들을 펼쳐놓고
넉넉한 품으로 아픔을 나누어 가진다
아침이면 맑은 햇살
가지 사이사이 풀어헤쳐
젖은 몸을 말리며
또 다시 그늘을 내려
벌레들이 살 수 있는 집을 짓는다
방을 만든다
진물이 나고 발등이 갈라져도 울지 않는다
그들에게는 세상 살아가는 길이 있고
보금자리와 양식을 나누어주는 후함이 있다
수더분함이 있다
청사靑蛇처럼 하늘을 향해 늘씬하게 뻗은
벽오동을 사모하지도 않는다
오늘도 땅속 깊이 뿌리를 내린 채
집을 짓는다
방을 만든다
늘 그 자리에 서있는 무던함으로
빈자리를 채워갈 누군가를 기다리며
그렇게 제 몸을 도려내고 있다

수국도 水國島
― 통영 작가촌에서

터벅
터벅
나무판자 밟으며 물위를 걸었다
바다와 시를 사랑했던
수국도,
붉게 울던 동백꽃은 하나 둘
고개를 떨군 채 저만치 가버렸다

텅 빈 작업실
폐지조각처럼 버려진 습작들
섬 구석구석 비석되어
허수아비처럼 세월에 젖는다

솔 나무 한 켠
인적은 바람에 실려
살며시 지워져만 갔다
외로움에 지친 바닷새
두 날개
절며
절며

와이퍼 1

엔진처럼 중요한 배역은 아니다
단 돈 만원짜리 엑스트라 인생,
하지만
그가 없으면 먼 길을 떠날 수 없다

글을 쓴다는 것이

비어있음
생의 존재를 채울 수 있는 빈 잔,
글을 쓴다는 것이
그렇게 빈 잔에 언어를 붓는 것일까
마음 하나로 살기 힘든 세상
무엇으로 텅 빈 가슴 가득 채우랴
힘겨운 하루를 말아 엮고
집으로 향하는 새벽 골목길
바람도 갇혀버렸다
하반신을 울리는 허기
물먹은 가로등 불빛,
생의 허리를 끊고 싶다
십자가를 향한
담쟁이 넝쿨들의 손짓
누구를 위한 울음이었던가!
이제 연민이라 불러도 좋다
가벼움은 욕심이었을 게다
그래 지하 단칸방인들 어떠랴
나의 두 눈
어둠 속을 볼 수 있다면
그렇게 빈 잔에 언어를 붓는 것이다
오직 하나의 잔을 채우기 위해서다

오늘만큼
빈 잔에 채워진 존재의 언어들,
붉다

달래강

그 겨울
낮은 모습으로 흐르던 강은
또 다시
세상의 무거운 짐을 지기 시작했다

갈대의 흔들림으로
이제는 세상과의 이음이 아닌 헤어짐
그 빈자리로 남았다

강은
빈자리를 채우기 위해
또 다시 제 몸을 덮어만 갔다

그것이 또 다른 아픔인 줄 모른 채

겨울나무

더 이상
빈 그릇이라 부르지 마라
앙상한 계절의 선반 위에 놓인
빈 그릇이라 부르지 마라

빈 그릇을 채우기 위해
제 살을 도려냈던 나를
가슴까지 비워주었던 나를
더 이상
빈 그릇이라 부르지 마라

허기진 배를 채우기 위해
음식을 담지 않았다
버려야만 채워지는 빈 그릇
억새가 강바람을 이고 가던 날
소복하게 쌓인 내 발 아래를 보라

누구를 위해,
무엇을 위해
계절보다 먼저 눈물을 흘렸는가를

민들레처럼

민들레처럼
봄바람을 사랑하자

지금은 비록
갈라진 돌틈이지만
그늘진 풀밭이지만
바람에 몸을 맡겨
조용히 발을 내리자

노란 꽃 피고나면
또다시 홀씨 되어
봄바람 타고 날아가리

그렇게
저 멀리
아름다운 세상으로 날아가
새로운 땅에 뿌리내릴 것을
우리는 믿는다

매미

산다는 것은
그렇게
나무에 매달린 채
우는 것이 아니다
너를 껴안고
가슴으로 우는
나무처럼
침묵하는 것이다

화이트 크리스마스

온 세상이
어머니 치마폭에 안긴 듯
햇살에 부풀어 오른 은빛 가슴들이 고요하다
언 손을 부비며 바람에 몸을 말던 나무들
오늘만큼은 순한 어린 양
가만히 눈 속에 잠이 들었다

출근길,
모둠발을 재재 바르며
도로를 건너는 아이들
살색가지 위에 피어난 눈꽃을 따다
머리 위에 꽂는 미소가 좋다
눈을 뭉쳐 서로에게 보내는 순수가 좋다
하얀 지구를 굴리며 꿈을 키웠던 우리들
길 건너 등교하는 아이들의 모습이었던가!

참새들이 운동장을 뛰어 다닌다
동심을 되새김질하는 발자국들,
방학식을 마친 아이들이
한해의 무거운 옷을 벗고
가벼이 한 점 되어
집으로 시내로 사라져만 갔다

\>

텅 빈 교실에 앉아
한 줄기 겨울 햇살을 질겅질겅 씹으며
창 사이로 흐르는 설경을 어루만져본다
교회 첨탑에서 빛나던 믿음의 등대
아직 불이 켜지지 않았다

화이트 크리스마스

직박구리

편의점 앞
보도블럭에 앉아
인간들의 발바닥을 핥아 대는
비둘기들아,
너는 나와 같은 족속이 아니었더냐!
누가 너를
사랑과 평화를 낳는 성자라 했더냐!
나는 어디로 가야한단 말이냐!
생태공원으로 향하는 길
저만치 보이는데
가로수에 앉아
이렇게 외로이 울고만 있다

단풍나무

자정 무렵
시린 달빛을 마시며
피보다
더 붉은 울음을 울던
너를 보고 알았다

그리도 아름답던
너의 뒤안길에
거친 숨결이
묻어있었다는 것을

낙엽

서로를 밟고 살아가기에
가벼워져야만 한다는 것을,

청춘

봄을
닮은 너,
너이고 싶다
잠시 피어날 꽃이어도 좋다
젊은 날
그렇게 피운 꽃이 진들
아쉽다 말하랴
또 다시
빈 잔을 채울
아름다운 추억인 것을,

2부

문어

문어

문어는 오늘도
전봇대를 끌어안는다
행인이 많은 사거리,
부자가 사는 아파트 앞,
적당히 다리를 뻗어
전봇대에 빨판을 붙인 채
먹잇감을 기다린다
하지만,
하루가 가고 일주일이 가도
먹이는 나타나지 않고
굶주린 몸은 눈비에 너덜너덜
만신창이가 된다
행인들의 무관심에 찢기고
장난스런 바람의 손에 찢긴다
염기 없는 하루하루의 삶,
화려한 이력을 가진 문어가
그렇게
전봇대에 생을 매단 채
흐느적이고 있다

분수

주어진
높이만큼
넓이만큼
욕심 없이 사는 너처럼
그렇게 하루를 살고 싶다

뜨거운 여름날
허공이라도 좋으니
둥지를 튼 너처럼
잠시 쉬어갈
자리를 마련하고 싶다

가끔은
지상으로 내려와
또 다시 비상을 위해
침묵하는 너처럼
그렇게 하루를 살고 싶다

나무는

나무는
자기 몸에서
자란 가지들을
자르지 않습니다

나무는
가지들 스스로가
살아갈 수 있도록
적당한 공간과 시간을
줄 뿐입니다

언젠가 그들이 있어
함께
그늘을 내릴 수 있으니까요

중앙탑에서

가을날의 평화를 조율하는 조사釣師
그들 곁에 억새꽃으로 흔들리고 싶다

저마다의 빛깔을 지닌 풀잎과
나뭇잎의 무르익은 무게라도 씹고 싶다

따스한 햇살을 발목까지 올려놓은 벼처럼
가을바람을 사랑이고 싶다

주말 나들이를 나온 가족과 연인들의
아무렇지도 않은 미소를 훔치고 싶다

사유의 강 초라하게 우뚝 선 나
주머니 속 짤랑이는 동전 위의 탑

서울, 여름나기

전신주에 걸린 나체의 옥탑방. 세월을 염알이하며 소금을 만들어내는 염전. 오늘도 나는 절여진다.

하늘은 조금씩 시력을 잃어 가고 있었다. 서울살이, 시나브로 어둠 속 환영들 노선에 새겨져 있었다. 손바닥에 그려놓은 이정표. 전철에 걸어놓은 벙어리 심상. 하루는 지하철 교통카드처럼 가볍지만 구름 안에서 맴도는 하루살이는 애써 날개를 펴지 않는다.

이제 전철은 떨림이 아닌 흔들림이었다. 잠실철교를 지나 도서관으로 향했다. 바다로 흘러가는 생의 오물들, 거품을 문다. 어미의 기도소리도 흘러간다. 울지 않는 한강, 이제는 해를 흔들지도 않는다. 눈살을 찌푸리는 황소상, 늙은 교수다. 일감호는 수심만 가득, 담배 태우는 아비다. 운동장에서 들리는 풍물패의 끈적한 환호성, 굿이라도 한판 벌이는지, 등나무 아래 빵 조각을 주워 먹던, 발톱이 까만 비둘기들 비상한다. 구름을 헤집는다.

도서관 열람실에 앉아 시집을 읽었다. 考試生-들의 날카로운 침묵. 나도 考詩生. 시는 죽었다. 시집을 덮고 비평서를 꺼낸다. 생태! 해체! 데리다가 절여진 나의 오감을 해부한다. 포스트—. 탈. 창틀에서 귀뚜라미 한 마리가 연신 떠들어댄다. 탈이다. 해탈이다. 눈을 들어 천장을 보니, '정숙'.

축 늘어진 배춧잎하나 전철에 매달린 채 자취방으로 향했다. 파꽃 같은 어머니 얼굴, 구름에 비끼어 간다.

J형
— 경민이가

잔에 담긴 술보다
잔을 잡게 해준 사람이
더 귀하다 말하는 사람,
삶의 고단함을
한 줄 시로 달래며
바람이 불어 살아야겠다는
발레리 같은 당신,
취기 오른 발걸음에
세상이 값을 매깁니다

걱정 한 보따리
잔소리 한 보따리
다 풀어 놓았지만,
세상을 짊어진 작은 어깨가
오늘따라 나약해 보입니다
세파에 돌다리를 놓으며
홀로 걸어온 당신
오늘 당신은
사람과 사람 사이 섬이 됩니다

소남이

개강을 앞두고 한 통의 전화가 걸려왔다. 소남이가 특산품을 가져왔다고 학교에 언제 나오냐고 물었다. 월요일 오전 강의를 마치고 소남이를 만났다. 처음에는 중국 전통주일까 기대를 했다. 전에도 그렇듯 유학생들이 개강을 맞아 한국에 오면 마오타이주나 오량액주 같은 술을 선물하곤 했다. 검은 비닐봉지에 담긴 선물을 건네 받았다. 봉지 안에는 참기름, 버섯, 밤, 땅콩 등이 담겨 있었다. 기대했던 선물이 아니었던지라 마지못해 고맙다는 말을 건네고는 집으로 향했다.

퇴근 후 집에 온 아내는 다짜고짜 뭘 그런 걸 받아 왔냐며 화를 냈다. 중국산은 가짜가 많다느니 믿을 수가 없다느니 하며 자기는 먹지 않겠다고 한다. 혹시나 지인들에게 전화를 걸어 먹어도 되는지 재차 확인을 했다. 대학시절, 부모님이 직접 농사를 짓고 산에서 채취한 고구마, 감자, 더덕, 도라지 등이 연구실 모퉁이에서 보고서와 함께 시들어가던 그때의 초라함이 생각났다. "한 번 선생님은 영원한 선생님입니다"라고 스승의 날 내게 건넨 소남이의 어설픈 한국어 문구가 생각난다.

유학생들에게 한국어와 우리 문화를 가르친 지 오년, 오늘은 좀처럼 부끄러워 잠이 오지 않는다. 혈액을 타고 흐르던 이국정취들, 이제는 새로이 수혈을 해야겠다.

겨울산행 1

산새들도 가고 없는
한적한 겨울산행 길,
계명산 능선 따라 계절을 다 내려놓은
나무들만이 반갑다 손짓하며
나에게 정상까지 길을 내어준다
간혹 마주치는 등산객과의
오고가는 인사말에
발걸음은 겨울나무가 된다
누군가 왜 산에 가냐고 묻거든
산 속에 나를 반기는
사색이 있다고 말하고 싶다
세상의 무거운 짐을 지고 올라온 나를
채찍질하는 바람이 있다고 말하고 싶다
정상에 올라
억만 세월 굴하지 않는 바위와
나란히 앉아 잠시 인간사를 논하며
탁주 한 잔 기울이면
어느덧 산은
나를 보고 내려가라 한다
작은 인간 세상에 내려가 산이 되라 한다

겨울산행 2

초라하고
비굴하게
겨울 끝자락에 붙어
울고 있는 잎처럼 살지는 말자

푸르름 없이
허공에 매달린 삶처럼
바람에 찢기는 그런 삶을 살지는 말자

차라리
다 버리고
지상으로 내려와
한줌의 거름이 되자
흙이 되자

겨울나무는 잎을 버린다

겨울산행 3

정상에 오르니
까마귀 한 마리
나보다 먼저 올라와
소나무 위에
자리를 틀고 앉아
한참이나
나를 비웃더라

나는 선생이 아니다

갈매 빛으로
물들어 가는 나무들
오늘 또 하나의 가지를 내린다

여기는
지식의 연장선상
백묵가루 한 입 문 신명나는 힘겨움
나는 아이들의 젖비린내를 말리는 바람이 되었다
하지만
자정이 넘도록 지루한 문제만 풀어주고
채찍으로 아이들을 체벌하고
수업시간 내 침묵과 복종을 강요하고 있다

현실과 이상의 교집합
아이들의 머리 숫자가 돈으로 환산되고
다람쥐처럼
쳇바퀴 속에 넣고 돌리는 선생이 되었다

오늘도 아이들을
밤늦게까지 묶어 놓았지만
마음이 조여드는 것 같다
어둠에 스미는 아이들의 지친 웃음,

서러운 백묵가루가 소주잔에 묻어난다
저만치 서 있는 가로등처럼
아이들에게 빛이 될 수 있을지

나는 선생이 아니다

실직 2

삼월 중순이 넘었는데
때 아닌 폭설이 내렸다
잣나무가
밤새 내린 눈에 어깨가 빠질 모양이다
실눈 뜬 아내의 잔소리에 연신 창문을 연다
아침 햇살이 찾아와 이불을 툴툴 털고 간다

아침의 전령사,
굿 모닝 스패로우~!
참새가 날아와 갈라진 입술에
잠시 온기를 바르고는 날아간다
겨우내 골방에 묵혔던
묵은지 같은 욕망들 이제는 신내가 난다

잣나무는 잠시
바람이 쉬어갈 자리를 마련한다
아내는 출근을 하고
나는 홀로 아파트 복도에 서서
창문을 열고 잣나무를 바라본다
말이 없다
잣나무가 나를 빤히 쳐다본다
여전히 서로가 말이 없다
바람만이 침묵을 흔들고 있다

플라타너스 3

새들은 더 이상 우리 곁에 날아들지 않았다. 겨우내 함께 울던 바람도 떠나 버린 걸까? 바람이 멈추었다. 젊은 날 쌓아왔던 상아탑, 가지마다 방울방울 걸어 놓았던 꿈과 이상이 전기톱에 무참히 잘려 나갔다. 사계절 캠퍼스와 함께 울고 웃던 우리들은 개강을 일주일 앞두고 봄맞이 새 단장을 한다는 이유로 아무런 저항도 없이 앙상한 하반신만 남은 채 그렇게 잘려 나갔다.

몸뚱이만 남은 우리들은 밤이면 땅 속을 헤집기 시작했다. 땅 속 깊이 뿌리를 박고 교정을 지켰다. 며칠 동안 길바닥에 널브러졌던 우리들의 팔뚝은 톱밥이 되고 재가 되어 허공을 맴돌기 시작했다. 입술은 갈라지고 벌레들은 우리들의 가슴을 후벼 파기 시작했다. 우리들은 조형물처럼 침묵을 땅에 박고 몸 안에서 꿈틀거리는 욕정을 토해내기 시작했다.

그해 봄, 잘려나간 우리들의 허리에 새 학기 캠퍼스 소식은 더 이상 걸리지 않았다.

모래시계 1

잊혀진 네 기억들을
반복의 손짓으로
미련 없이 돌려놓지 마라
텅 빈 가슴 하나
채우기 위해 나는
또
하나의 가슴을 버려야만 했다
이제
버려진 시간의 간이역에
너희들이 남겨놓은 것은
야윈 허리뿐,
기억해 주지 않을
되돌릴 수 없는 줄 알면서도
가슴까지
다
비워주던 내가 아니었더냐

모래시계 2

버려도
버려도
빈자리에 남는 것은 모래뿐,
알지만
모래알 하나하나로
작은 언덕을 쌓아올리며 살고 싶다
하루를 되새김질해도
모래뿐인 삶이지만
그렇게 낮은 삶을 살고 싶다
시간이 지나간 자리
얼룩 없는
맑은 유리 안 모래로 남고 싶다

바느질

단추 하나
바닥으로 떨어진다
소매를 보니
단추 두 개가 없다
바쁜 와중에
단추가 떨어진 줄도 몰랐다
서랍을 뒤져
반짇고리를 꺼냈다
바늘귀에
실이 잘 들어가지 않는다
어머니가 그랬던 것처럼
실에 침을 묻혀본다
골무 없이
얼마나 많은 날들을 꿰어 왔던가!
손가락 끝에
붉게 번지는 외로움
아직도
바늘에 꿰지 못한 실 한 가닥
조용히 접어
서랍 속에 넣는다

3부

나를 버린다

나를 버린다

교무실 후미진 곳
삶을 복제한 두뇌의 기호들이
빈 상자 속으로 쏟아진다
빛으로 다가왔던 생의 전유물들,
게걸스레 토해내지만
낙엽처럼 구겨진 채 쌓여만 갔다
결식아동을 돕는 노인 이야기가
라디오 방송을 통해 흘러 나왔다
문득 학원에서 폐지나 빈 병을 주워 가는
허름한 노인 생각이 났다
지게 허리위로 폐지를 지고
매일같이 오르내리던 계단
폐지가 없는 날엔 주름진 세월 지팡이 삼아
허기진 기침 난간에 흘리곤 했다
계단에 쏟아지는 무표정들
부끄러움 없는 여유의 손놀림
하지만
소리 없이 울어대는 노인의 싸늘한 등살,
창밖에는 하얀 바람이 가로수에 기댄 채
나뭇잎들을 말아 엮고 있었다
난간에 남겨진 목장갑 한 짝을 바라보며
나는 또 다시 하루를 인쇄한다

버려진 것들이 버림받은 자들에게는 삶이라!

나를 버린다

아파트

아침마다 공중에 떠 있는 집, 안개가 걷히면 이웃들이 벽 속으로 숨는 집, 아무도 찾지 않는 집, 가끔 택배기사나 경비실 직원만이 문을 두드리는 집, 행여나 문 두드리는 소리가 나면 반가움 보다 두려움에 잠시 침묵하는 집, 승강기만 타면 벙어리가 되는 집, 인사와 기다림이 없는 집, 문에 광고 전단지만 덕지덕지 붙어 있는 집, 게시판에 전기·가스 요금 인상 안내 문만 붙는 집, 동 대표는 있는데 반상회가 없는 집, 좋은 말씀 전한다고 하면 갑자기 조용해지는 집, 남이 볼까봐 블라인드에 커튼까지 이중으로 달아놓은 집, 집에 도둑이 들까봐 감옥처럼 철창을 설치한 집, 술 먹고 부부 싸움하는 소리가 잘 들리는 집, 아래 층 담배 냄새가 화장실 환풍구를 타고 들어오는 집, 아이들의 천진무구가 소음이 되는 집, 그래도 매매가 잘 되는 집, 학군이 좋은 집, 마트가 있어 편리 한 집, 주차장이 있어 편리 한 집, 쓰레기 분리수거가 편리한 집, 남자가 살기 편한 집, 참 이기적인 집, 참 현실적인 집.

4월

수안보를 지나
문경으로 향하는 3번국도
산중 무리 속에서
겨우내
마른기침을 하던 나무들,
각자의 색깔로
각자의 위치에서
그렇게라도
화들짝 꽃이라도 피워
자신의 존재를 알린다

5월의 푸르름
그 하나를 위해

일삼오구

방안 가득
청국장 냄새가
벽지에 스며드는 집

마당 자갈밭 가득
이름 모를 며느리꽃들이
새록새록 고개를 내미는 집

허리 가는 벌들이
돌틈으로, 처마 밑으로
따스한 햇살을 실어 나르는 집

가을날 키 큰 할머니가
자반고등어를 구우며
노릇노릇 은행잎을 털어내는 집

일삼오구

신천 로데오거리에서

바람 한 입 베어 문 게 한 마리, 느릿느릿 지하철 출구를 빠져 나왔다. 네온싸인의 현란한 외침 행인들의 소매를 잠시 잡아 본다. 젊음이 게워낸 혈기들만이 새벽으로 향하는 로데오 거리를 깨우고 있었다.

편의점 맞은 편 길바닥에 쭈그려 앉아 있는 할머니, 스카프로 머리를 감싸고 국밥 한 사발로 추위를 달래며 젊은이들에게 손짓을 보낸다. 무관심 속에 시들고 있는 할머니의 배춧잎 같은 입술, 과일이며 야채들은 오늘따라 잠들지도 않은 채 길바닥에 널브러져 처녀들의 치맛자락만 올려다보고 있었다.

집으로 향하는 행인들의 발걸음만이 분주하다. 발길에 밟히는 나체의 여자들, 여전히 사각의 미소를 보내고 있다. 지하도 안쪽에 진열된 사진들 속에 노인의 미소가 녹슬기 시작한다. 더 이상 흩날릴 것 없는 흰 머리칼, 열차 소리에 맞춰 어둠 속으로 잦아든다.

출구를 나와 허기긴 달을 어루만져 본다.

모래시계 3

오늘도
당신이
걸어온 고된 하루를
가슴에 새깁니다
당신의 이름
그리고 너무나도 해맑은 미소
작고 둥근 유리병 안에 넣고
꺼내지 않겠습니다
당신에게 아픔이 있으면
비우고 또 비우겠습니다
당신에게 행복이 있으면
채우고 또 채우겠습니다
설령,
당신에게 가는 길이
좁고 어두운 길일지라도
더딘 시간이 될지라도
함께 할 수만 있다면
내 모든 것을 다 버리겠습니다
내 빈자리
언젠가 당신이
조금씩 채워줄 것을 믿기 때문입니다

모래시계 4

이제는
더 이상 줄 것이 없다
상심한 모래알들이
깨진 유리 밖으로 쏟아진다
빈 가슴만 유리 안에 가득하다
더 이상
모래 언덕 위를 걷지 않으련다
너에게로 걸어간 발자국들이
하나 둘 바람에 지워진다
자로 잴 수 없는
그리움의 깊이가
너무나도 크다

진눈깨비

어둠 저편
부질없이
내리는 너,
떠난 자리
덮지 못한 채
그렇게
울고만 있나니,

김노인

천호동 은성재활용 센터
늙은 리어카꾼들이 주워온 삶의 조각들이
커다란 곡선을 그리며 쌓여만 가고 있다
언제라도 허물어질 그들의 성전
오늘 또 다시 부활을 꿈꾸는 것일까

새벽부터 김노인은
어둠에 출렁이는 빈 리어카를 끌고 길을 나선다
그깟 몇 푼 벌어보겠다고
네온싸인 취해 흐느적거리는 술집 골목을
주택가를 돌고 있는 것이다

영하의 추운 날씨에
허기진 바람을 사랑이고 있는 김노인
부끄러움 없는 여유의 손놀림은
적막감마저 주워 담는다

한 많은 세월 함께 울어줄
친구도 없는 외로운 골목길
버린 자들의 기쁨을 마시는 슬픔마저
취객들의 발걸음 속으로 주름지어 흘러간다

\>

김노인은 가파른 고갯길에 올라
담배 한 모금 깊게 빨아대며
어둠에 젖은 까만 아스팔트길을 지워본다
잠든 이들 깨기 전
그렇게 마음에라도 불을 지펴 보는 것일까
직선을 그리며 성전으로 향하는
두 개의 작은 곡선
길바닥에 달라붙은 가로등 불빛
차다

새

물위를 걸으며
고개를 들어도
너의 따스한 체온은 없구나
상처를 남긴 강심이여!
새벽을 노래하던 강심이여!
이제는 너의 목마름 앞에
야윈 족을 외로이 접는다
말없이 떠나는
미련 앞에 울지 마라
너의 등에 기대던 바람도
너의 가슴에
자맥질 치던 산 그림자도
이름 모를 꽃처럼 이제는 가고 없다
원망마라!
네가 그토록 흘러가는
아니 떠나가는 이유를
이제야 알 것 같구나
나도 너처럼
저 산 너머 노을지어 가리라

달

당신이 흘리던
사소한 메모가
기약 없는 약속으로
새겨지는 새벽,
당신의 배경을
비추지 못하는 가명은
또 하나의 가지를 내렸습니다
당신에게 느꼈던
목석같은 정절은
두 눈을 멀게 하던 구름에 가려
화사花蛇다운 눈빛을 잃어버렸습니다
정해진 시간의 벽을 넘던,
당신의 냉아한 입술에
묻어나던 피로마저 잠시
어둠에 가려졌습니다
당신의 분내를 보듬던 바람이
창 사이로 스미는 풀 내음에
졸음겨워 합니다
작은 약속을 시상에 그리다
새벽을 말아 엮은 당신이
잎새 위에 앉아
태양을 드는 것을 보았습니다

등나무

너를 향한 내 마음
허공을 감으며 울고만 있나니
지금
생의 저편에서
몸이라도 비틀고 있는 것이다
그렇게
그리움 몇 방울 짜내
너에게로 가는 것이다
바람이 되어 일감호 위를
걷고 있는 너를 위해
한 줄기 햇살을 뿌려 놓았다
작은 틈새 사이사이
연서들을 매달아 놓았다
연민한 생이여!
이제는
너에게로 가는 길이 없어라
가슴에서 흐르던 그늘진 시간들
진정 기다림만이
너에게로 가는 길이라면
보랏빛 등꽃으로 피어나
화라락 지고 싶어라

행복

당신의
웃는 모습을 보았습니다
당신의
두 눈 속에 흐르는 수많은 별빛
지상보다 높은
전망대에서 빛나고 있는
당신의 눈동자를 보았습니다
도심을 수놓는 등불 심지처럼
당신의 두 눈은 불타고 있었습니다
당신의
웃는 모습을 보았습니다
작은 인형을 품에 안고
소녀처럼 해맑게 웃는
당신의 미소를 보았습니다
당신의 품안에
지친 하루가 잠드는 것을 보았습니다
인환人寰의 거리
스쳐지나가는 사람들 틈에 당신이 건넨
행복의 속삭임을 들었습니다
당신이 흘린
행복의 발자국을 밟지 않으려
하늘에 걸린 둥근 달처럼

당신 옆에서 마냥
그렇게 당신 옆에서 마냥 걸었습니다

장마전선이 북상하던 그날

그해 여름 그가 떠나가던 날
장마전선은 북상하지 않았다

일 년 전 태백에서 온 그는
항상 골방에 갇혀 세상 열기를 괴로워했다
바퀴벌레처럼 어둠 속에서 삶을 잉태하려했다
그는 지상보다 높은 곳에서 꿈을 키웠지만
언제나 그를 막고 있는 산을 넘지 못했다
가끔씩 내게 와서는 쉬척지근한 한숨을 내쉬며
생의 여정에 마침표를 찍으려했다
그럴 때마다 치밀어 오르는 화를 참지 못했다
아니 그가 오는 것이 싫었다
더위같이 이글대는 그의 말에 숨표가 지워질 것 같았다
항상 그의 방은 먹구름이 끼어 있었다

그해 여름 그가 떠나가던 날
장마전선은 다시 북상했다

나는 그가 올리고 간 블라인드를 내렸다
빗속에 젖어있는 그의 사진을 보았다
웃고 있었다
그에게 어울리지 않는 흐벅진 미소

구름이 걷혔다
그는 수평선상에 선 채
환한 배경을 채색해 나가고 있었다

장마전선이 북상하던 그날

새안길

천호3동 새안길,
아직도 뻐꾸기처럼
남의 집에 알을 낳았다
가끔씩 하나님도 외로워 운다는데,
울어줄 어미도 친구도 없는 빈자리
외로움만이 허기를 달랜다
새벽녘 우는 아이 달래며
어린이집 가자고
한바탕 실랑이 하던
젊은 맞벌이 부부,
자정이 넘었는데도 소식이 없다
산다는 것이
그렇게 잃어버린 어제를 주워 담는 것일까
언제쯤
우리들은 아름다운 둥지를 틀고
오늘을 내일을 사랑할 수 있을지,
어둠을 타고 벽을 넘나들던
고양이들의 유혹도 잠시
기다림은 물먹은 미역처럼 부풀어 오른다
골목길 전선 아래
고된 하루를,
작지만 둥글게 말아 엮은 새안길 사람들

언제 떨어질지 모르는 위태로움으로
그렇게라도 생을 붙잡은 채
새벽을 덮는다

하시리 여인

차창 사이로 쏟아지던
갈걷이의 풍경
산 구절초의 곁눈질에 흐려져만 갔다
단양 적성터널을 지나
비포장도로 끝 하시리 마을
텅 텅 울리는 적막감은
감나무 가지 끝 까치밥처럼
바람에 가벼이 흔들리고 있었다
산 그림자
서서히 덧칠하는 청기와 집
물을 마시려고 대문을 두들겼다
칡넝쿨 같은 머리칼에 벙시레한 미소
낡은 여인의 수화는
또다시 목마름으로 다가왔다
물에서 흙냄새가 났다
잠시 호변에 앉아
댐 안에 갇힌 여인의 삶을 돌팔매질해 본다
건너편에서 오라 손짓하는 파장들
네온싸인에 주름지어 밀려왔다
육지에 핀 수초 위로 몸부림치며
튀어 오르는 물고기 한 마리
하시리 여인

4부

물방울

물방울

제대 후 보은에 있는
인삼밭에서 일을 한 적이 있었습니다
씻지도 못하는 때 절은 객지생활,
남의 빈집을 수리해 먹고 자는 일이
더 이상 부끄러운지도 모른 채
부모님은 그렇게 살고 계셨습니다
한 주간의 일을 마치고 집으로 오는 길,
옥천 장에 들러 찬거리를 사다
그만 버스를 놓치고 말았습니다
두 시간이나 기다려야 하기에
날도 춥고 해서
아버지한테 목욕탕에 가자고 했습니다
아버지는 싫다고 했지만
마지못해 목욕탕으로 들어갔습니다
탕에 들어와
그 동안 밀린 때를 불리고 있는데
한쪽 구석에서
조용히 쭈그리고 앉아
때를 미는 아버지가 보였습니다
아버지 등을 밀러 갔는데
배꼽 위아래 커다란 수술자국이 보였습니다
나는 아버지의 검게 굽은 등이

너무나도 작았지만
자꾸만 밀고 또 밀었습니다
아버지는 아프다며 그만해라 했지만
거품이 없어질 때까지 계속 밀었습니다
아버지는 남들이 볼까 부끄러웠는지
먼저 나가 서둘러 옷을 입으셨습니다
그날은 왜,
눈에 들어간 비눗물이 씻기지 않는지
한참이나 샤워기 앞에 서있었습니다
샤워기를 잠그고 나오려는 순간
천장에 맺힌 물방울 하나가
이마 위에 떨어졌습니다

수해 1

어머니의
기도소리

흥건한
눈물 되어

벽으로
벽으로

수해 2

창 밖,
빗물에 절고 있는 새가
아버지 주름위로 날아든다
잔인하게
아버지를 말리던 수해,
새 한 마리
가슴에서 떨어질 때
성에를 닦는 온기가 되고 싶었다
하지만
내일을 새기려 굴렸던 쳇바퀴가 멈춘다
가로등에 몰려드는
은빛 비린내들,
하루가 지면 죽음으로 남을 시상
소금이라도 뿌려 볼까나

고무장화

아버지는
논밭에 나갈 때면
항상 고무장화를 신으셨습니다
발바닥이 퉁퉁 부르트고
무좀이란 고얀 놈이 생겨도
말없이
허연 살만 뜯어내면서 말입니다
숨이 콱콱 막히는 여름날도
뿌득 뿌득
짠내나는 소리를 내며
흙을 밟으셨습니다
남몰래 무거운 하루를
한발 한발 옮기셨던겁니다
늦가을,
한해 인삼농사가 끝나고
고무장화를 벗는가싶더니
신지 않으면 고무라 해진다며
여전히 고집을 피우시던 아버지,
아버지는 그렇게
구멍난 하루하루를
본드로 붙여가며
신발장 안에서 사셨습니다
또 다른 자식들을 위해서 말입니다

아버지 1

소슬한 시골전답
황사의 외출에 제 몰골조차 부끄러웠다
이제는
희뜩희뜩한 아버지의 머리칼
세월을 달구질하는 힘겨움인가

한가로움을 되새김질하며
논둑을 거닐었다
봄빛을 묻는 아버지
잠시 따신 햇볕자리 따라
까만 개미허리 바위에 누인다

청 보리 위로
주름지어 흘러가는 아버지의 인생
허름한 가슴에
붉은 울음조차 말라 풀씨 되어 날린다

하얀 뼈마디 삶의 무게
말갛게 소주잔에 넘쳐나고
관대한 달빛이 연잎을 만나
하루는 또 다시 장다리꽃처럼 피어난다

왜

  금산 한국병원 501호, 가깝게 들리는 희미한 음성을 안고 먼 길을 찾아갑니다. 새벽부터 아직도 비가 오는데 흘러온 강물 거슬러 오릅니다. 병실에 누워 무슨 그리도 많은 생각을 하는지, 듣지도 못하는 야윈 기다림, 모진 세월에 굳어버린 눈물, 더 이상 뻗어나갈 곳 없는 손금, 몸 구석구석 피어오른 붉은 반점, 혈육이라는 이승 끈 하나에 쓸모없는 현실들, 그토록 무심했던 세월을 이 자그마한 눈물로 덮으려 합니까. 한 점 이슬로 한 점 흙으로 당신이 오신 길로 되돌아가길 기도합니다. 수의를 입은 당신, 비록 빈손으로 가지만 끝내 줄 것이 아무 것도 없습니다.
  왜, 수의에는 호주머니도 없는 겁니까?

어린 잣나무

마당 한구석 혈육이라는 이승 끈에 불을 지피는 아버지, 가로등에 몰려드는 벌레들처럼 피부치들이 날아든다. 사촌이니 오촌이니 따져봐도 객쩍은 숫자놀이다.

어설픈 천막, 빗물에 절고 있는 술상, 한풀이하듯 내리치는 화투장, 문상객들의 빈 지갑 속에 남은 허탈함이었던가! 할머니의 생이 절로 묻어난다.

딸랑, 딸랑, 강물에 실려 보냈던 지난 씨앗들 상여에 매달고 먼 여정이라 노자돈 두둑이 챙겨 가는 할머니, 억새는 가을바람을 이는지 목이 보이지 않는다.

황토 흙을 뿌리는 아버지, 빈자리로 채워진 소슬한 바람 봉분을 스친다. 비탈을 껴안는 어린 잣나무, 그제야 할머니의 단내를 맡으며 빈 수의 속으로 뿌리를 내린다.

검은 봉지

어머니는
설거지를 미룬 채
반찬이며 과일이며 약들을
검은 봉지에 담습니다
투덜투덜,
나는 됐다고 어머니 드시라고
그만 담으라고 하면서도
어머니께서 싸주신 반찬을
자동차에 한가득 실었습니다
시골에서 돌아오면
어머니의 사랑이 집안 가득,
냉장고며 베란다며
어머니의 검게 그을린 손길로 채워집니다
항상 바쁜 학교생활,
며칠이 지나면 어머니의 손길은
집안 가득 했던 어머니의 숨결은
다시
검은 봉지에 담겨집니다

어머니 1

어머니는 이원에 묘목 심는 일을 하러 아침 일찍 집을 나섰습니다. 이제와 굳은 몸으로 무슨 일을 할까마는 일당 이만원이라도 벌어야겠다며 막무가내 몸을 가누고 작은 일을 시작하셨습니다. 다리가 불편하신 어머니는 팔다리 주물러줄 자식도 없이 홀로 기나긴 밤을 덮습니다.

가끔씩 쉬는 날이면 돌아가신 아버지를 찾아갑니다. 키만큼 자라버린 인지쑥, 어머니는 아버지의 몸을 감고 있는 칡넝쿨을 잘라내고 덥수룩한 잔디를 쓰다듬어 봅니다. 술과 담배를 원망하던 어머니였지만 아버지를 찾는 날엔 항상 검은 봉지에 그것들을 담아 갔습니다. 한 잔 두 잔에 지난 세월이 희석될까마는 담배 연기가 봉분 속으로 스며들고 아버지의 단내 나는 붉은 울음이 들려올 때쯤 어머니는 구~구~구~ 산비둘기 소리 따라 집으로 향했습니다.

하루 일과를 마치고 집에 돌아오면 외롭지 않을 친구 목소리가 방안 구석구석에서 들려옵니다. 명절이나 지 애비 제사 때만 찾는, 바쁘다고 하룻밤만 자고 가는 자식들에게 어머니는 배웅 차 말합니다. "아따, 테레비가 있응게 내 걱정 허덜 말고 잘들 지내라. 밥들 잘 챙겨 먹고," 순간, 어머니의 주름 아래 엷은 미소가 흐르고 있었습니다. 어머니의 주름진 고랑이 얼마나 깊던지, 어두워 보이지가 않았습니다.

어머니 2

어머니 가슴이
메마른 이유는
나를 위해
그렇게
눈물을 흘렸기 때문입니다

어머니 손발에
굳은살이 박힌 이유는
나를 위해
그렇게
어둠 속을 걸었기 때문입니다

어머니 얼굴이
새까만 이유는
나를 위해
그렇게
쉬어갈 그늘을 내렸기 때문입니다

아! 어머니

목어

어머니, 왜 저를 산사 처마 끝 허공에 걸어 놓았나요. 뱃속에서 자꾸만 바람소리가 나요. 세상 사람들이 비웃는 소리도 들려요. 바보. 바보. 어머니, 배가 고픈가 봐요. 나무들이 허기진 배를 움켜쥐고 울고 있어요. 그런데 어머니, 이상해요. 자꾸만 등이 간지러워요. 어서 제 등을 때려 주세요. 바람이 제 등을 채찍질 할 때마다 뱃속에서 울음소리가 나요. 등이 갈라지고 피가 나요. 등에서 나무가 자라나려고 해요. 무서워요. 어머니, 자꾸만 나무가 자라고 있어요. 사람들이 저를 잡으려고 자꾸만 그물을 드리워요. 어머니, 도망치고 싶어요. 어머니, 너무 무서운데 도망칠 수 없어요. 도망치려고 아무리 발버둥 쳐도 등에서 자란 나무 때문에 도망칠 수 없어요. 어머니, 제 등에서 자란 나무를 베어 주세요. 이제는 쉬고 싶어요. 어머니와 함께 여울을 헤엄치며 갈대 그림자를 사랑이고 싶어요. 어머니, 어찌 저를 산사에 홀로 남겨두셨나요. 왜, 텅 빈 가슴에만 시간을 드리우고 허공에 걸린 생을 엮으라 하시는지요. 내장은 다 썩고 가슴 속에서는 가난한 바람소리만 들리는데 왜, 제 등에서는 자꾸만 나무가 자라고 있는 건가요. 어머니!

고향

산 그림자 하얗게
내려앉던 실개천
무성한 세월을 넝쿨로 감아버렸다

병에 걸린 영국사 은행나무
시멘트에 생의 무게를 더한 채
그늘을 내렸다
외로움에 지친 듯 줄기를 묻고
저보다 작은 친구를 만들었다

동심이 사라진 마을은
폐교처럼 황량한 바람만 불어
키 큰 미루나무 사이
절름절름 흔들린다

잡초만 무성한 운동장
벌초를 해야겠다
벌초한 자리 플라타너스 한 그루 심어
그늘이 넓어지면 찾아와
다시 추억을 말하겠지

그때는 떠나야 했다고
지루한 이 생애 탈출하고 싶었다고

5부

도서관에 간 아빠

도서관에 간 아빠

이른 새벽
아침도 거른 채 아빠는
노트북 하나 들고
학교 도서관에 가십니다
아빠는 대학 강사,
매일매일 공부를 해야 합니다
나는 하루 종일
블럭 쌓기 놀이를 하며
아빠를 기다립니다
내 키만큼 블럭을 쌓고
기다림만큼 또 쌓아도
아빠의 얼굴은 자꾸 허물어집니다
아빠가 어젯밤에 불어준
동그란 풍선들이
자꾸 자꾸 거실 바닥으로 내려옵니다
아빠는 언제쯤
나와 함께 동화책도 읽고
놀이공원에 가서 동물도 보고
미끄럼틀도 탈 수 있을지,
오늘은 날이 추워서 그런지
해도 놀이터에 나오지 않았습니다
구름만 잠시 머물다 갑니다

놀이터에 홀로 남겨진 나는
아빠를 기다리며
조각조각
겨울바람을 주워 담고 있습니다

106동 아이들

아파트 단지 내
아무렇게나 버려진 자전거들이
서로를 부둥켜안고 있습니다
너무나 춥고 외로웠는지,
208호 준서를 불러 봅니다
908호 연수도 불러 봅니다
1509호 유준이도 불러 봅니다
앞서거니 뒤서거니
아파트를 돌며 꿈을 찾아
가을꽃을 떨구던 106동 아이들,
지구가 멈춥니다
아이들은
먼지 속에 파묻힌 채
가슴에 녹이 슬기 시작했습니다
아이들의 꿈을
자물쇠로 꽁꽁 묶어 놓은
겨울바람이 너무나 얄밉기만 합니다

미륵도

하얀 바둑알
사이사이
검은 고깃배가 한 수 놓지요

검은 바둑알
사이사이
하얀 갈매기도 한 수 놓지요

섬은
누가 이기나
하루 종일 구경을 하지요

실버카

실버카,
면허증 없어도 되고요
기름 값 걱정 안 해도 돼요
우리 할머니 마실갈 때
실버카 타고
엉덩이 씰룩씰룩,
굽은 허리
불편한 다리
실버카가 있으면 어디든
마음대로 갈 수 있지요
배추밭에 배추 가득
파밭에 파 가득
무밭에 무 가득
실버카에 한 가득 싣고 집으로 오지요
소영이 할머니도
현희네 할머니도
우리 마을 할머니
너도나도 실버카 타고
오일장 구경 가지요
동네잔치 구경 가지요

까치

예쁘고 큰 사과만
골라먹는 까치

못나고 작은 사과는
먹지도 않는 까치

요, 얌체 같이 얄미운 새야!

그렇게 좋은 것만 골라먹으면
우리는 무얼 먹고 사니?

운동화

할머니가
시장에서
운동화를 사오셨다
나이키도 아니다
뉴발란스도 아니다
하지만 상관없다
할머니가 사준
슈팅~바쿠간,
방바닥에 쿵 하면
할머니 사랑이
번~쩍! 번~쩍!
방바닥에 쿵쿵쿵 하면
할머니의 미소가
반~짝! 반~짝!

가을

가을이 되면
얼굴이 까맣게 타는 해바라기

가을이 되면
속이 까맣게 타는 아버지

홍학

술 먹고

새벽 늦게 집에 온 아버지

빨개진 얼굴

홍학처럼 외발로

살금살금

와이셔츠

아버지는
입과 손으로
먹고 사는데,
항상 목이 아프다

아빠

2012년
4월 24일
12시 54분

가슴에서
흐르던 강물이
하늘에서도 흘렀다

아빠라는
그 이름만으로

가을꽃

학교에도
공원에도
아파트 앞 놀이터에도
빨간 꽃이 피었습니다
노란 꽃 주황 꽃
나무마다
거리마다
가을꽃이 활짝 피었습니다
하얀 억새꽃 따라
할머니의 상여꽃도 피었습니다
나는
바람을 이고 가는
가을꽃을 꺾지 못한 채
멀리서 바라만 보았습니다

해설

존재론적 성찰과 소설 휴머니즘

김영철 문학평론가 · 건국대 국문과 교수

존재론적 성찰과 소셜 휴머니즘

김영철 문학평론가 · 건국대 국문과 교수

1. 우주적 상상력

정진헌의 시에서 가장 눈에 띄는 대목은 존재론적 자아성찰이다. 나와 나를 둘러싼 세계와의 연속성 위에서 즉자적 존재로서의 초상화를 그려내고 있다. 타자와의 상호연관은 궁극적으로 자아의 내면을 탐구하는 방법론적 전제이다. 말하자면 자아탐구의 작업가설working hypothesis인 셈이다.

정진헌 시의 존재탐구의 중요한 방법론적 무기는 우주적 상상력이다. 우주적 상상력의 단초를 연 괴테는 '하늘에는 별이 있고, 땅에는 꽃이 있고, 인간에게는 사랑이 있다'고 노래했다. 하늘-별, 땅-꽃 같은 우주적 연결고리는 인간-사랑이라는 인간세계에 조응되는 것이다. 이처럼 괴테는 하늘, 땅, 별과 같은 우주 및 자연물에서 인간적 의미를 도출했던 것이다. 우주의 조화, 자연의 섭리에서 인간의 삶의 원리를 끌어내는 방법이 바로 우주적 상상력이다.

이러한 방법론을 그대로 구현한 시인이 바로 윤동주이다. 『하늘과 바람과 별과 시』라는 그의 시집 제호題號가 시사하듯, 하늘, 바람, 별과 같은 우주에서 인간적 의미를 끌어낸 것이 그의 시이다. 그의 시에는 파란 하늘이 펼쳐지고, 바람이 불고, 별이 빛나고 있다. 그리고 그렇게 펼쳐진 자연 속에서 동주는 그의 꿈과 이상, 향수와 연민을 형이상적 서정으로 형상화하고 있는 것이다.

정진헌의 시에도 늘 자연이 원경으로 펼쳐져 있다. 자연이 후경으로 자리 잡고, 인간의 삶이 근경으로 펼쳐져 있다. 일종의 동양화의 고전적 기법인 선경후정先景後情의 시적 구도를 형성하고 있는 것이다. 이러한 구도는 단지 동양화의 점묘로 끝나는 것이 아니라 궁극적으로 인간사의 원리를 파헤치기 위한 전략적 구도이다. 말하자면 단순한 풍경화나 수채화가 아니라, 존재탐구를 위한 시적 전략인 것이다. 원경에 자리 잡고 있는 자연에서 우주의 섭리를 찾아내고, 그것을 인간사의 원리에 적용하는 상상력이 개입하고 있다.

나무는
자기 몸에서
자란 가지들을
자르지 않습니다

나무는 가지들 스스로가
살아 갈 수 있도록
적당한 공간과 시간을
줄 뿐입니다

언젠가 그들이 있어 함께
그늘을 내릴 수 있으니까요

— 「나무는」 전문

　시의 기본 제재는 나무다. 나무의 생태를 세세하게 묘사하고 있다. 나무는 자기 몸에 자란 가지를 결코 스스로 자르는 법이 없다. 바람에 휩쓸리거나 외부 힘에 충격을 받지 않는 한 스스로 가지를 자르지 않는다. 가지를 자르지 않고 가지들 사이 서로의 공간을 알맞게 유지하여 공기와 햇볕을 흡수하여 성장한다. 그리하여 그렇게 성장한 가지들은 잎을 피워 그늘을 내린다. 이러한 나무의 생태, 나무의 생리적 원리는 궁극적으로 인간사의 삶의 지혜로 연결된다. 인간들이 서로 공존하며 살아가는 법, 적당히 거리와 간격을 두어, 서로 구속하거나 간섭하지 않고, 자기의 개성과 정체성을 유지하며 살아가는 것이다. 이처럼 조화롭게 살아가는 인간의 삶의 지혜를 나무의 생태에서 도출하고 있는 것이다.
　「플라타너스 1」도 마찬가지이다. 장마가 시작되어 빗방울이 한꺼번에 쏟아지면, 플라타너스는 넓은 잎들을 활짝 펼쳐 빗방울의 고통을 참아낸다. 나무에게 주는 충격을 잎새들이 분산하여 공유하는 것이다. '쏟아지는 빗방울의 무게가 힘겨운지/ 가지마다 잎새들을 펼쳐놓고/ 넉넉한 품으로 아픔을 나누어 가진다.' 이처럼 아픔을 함께 나누는 나무의 사랑, 생존의 원리는 의당 인간사에도 필요한 섭리이다. 다시 햇살이 비치면 플라타너스 잎들은 '젖은 몸을 말리며/ 또 다시 그늘을 내려/ 벌레들이 살 수 있는 집'을 만든다. 자기 고통을 치유한 나무는 이제 자기 몸에 붙어사는 벌레들에게 은혜를 베푼다. 나의 고통으로 이웃을 사랑으로 감싸는 것이다. 인간사에 절실하게 필요한 것은 헌신적 사랑일 것이다. 나와 내 이웃을 감싸 안는 헌신적 사랑, 그것을 시인은 플라타너스라는 한 자연물의 생태에서 유추하고 있다.

이러한 우주적 상상력은 「겨울 산행 1」에서도 확인된다. 겨울 산행 길에서 만난 겨울나무에서 모든 욕망과 허위를 벗고, 벌거벗은 나목으로 살아가라는 소리를 듣는다. 겨울산은 내게 '나를 보고 내려가라 한다/ 작은 세상에 내려가 산이 되라한다'는 준엄한 계율을 내린다. 산처럼 말없이 든든한, 그리하여 모든 이가 믿고 의지하는 '인간의 산'이 되라는 것이다. 시인은 등산길에서 만난 나무에서, 존재론적인 심오한 삶의 지혜와 덕목을 배우고 있는 것이다. 이것이 우주적 상상력의 모티브요, 힘이다.

이러한 우주적 상상력은 때로 빛나는 에피그람적 상상력으로 확장되기도 한다.

> 산다는 것은
> 그렇게
> 나무에 매달린 채
> 우는 것이 아니다
> 너를 껴안고
> 가슴으로 우는
> 나무처럼
> 침묵하는 것이다
> ―「매미」 전문

매미가 나무에 매달려 울고 있다. 하지만 나무는 아무 말 하지 않은 채 침묵을 지키고 있을 뿐이다. 이 풍경 역시 인간의 삶의 현장을 떠 올리게 한다. 매미처럼 적극적으로 호소하고, 통곡하는 삶의 방법, 그와는 다르게 나무처럼 묵묵히 침묵하는 방법. 시인은 이 두 가지 생존방식에서 나무의 지혜를 선택하고 있다. 삶의 진실은 침묵 속에 존재한다는 진리를 간파하고 있는 것이다. 진실한 언어는 표피적으로 드러난 외현적外顯的 언어가 아니라, 진실을 끌어안는 침묵의 언어임을 인식하고 있는 것이다. 부재不在 속에 존재存在하는 님, 그리하여 님은 영원한 침묵으로 말한다는 한용운의 역설적 외침이 '매미'의 울음으로 변용되고 있다.

　이러한 에피그람적 상상력은 때로는 삶의 현장으로 확장되기도 한다. 「와이퍼 1」이 그것이다. '엔진처럼 중요한 배역은 아니다/ 단돈 만원짜리 엑스트라 인생/ 하지만 그가 없으면 먼 길을 떠날 수가 없다.' 당연히 비오는 날 와이퍼가 없으면 운전할 수가 없다. 차의 부속품 중 미미한 존재인 와이퍼지만 이처럼 중요한 역할을 하는 것이다. 미미한 존재의 가치성, 그것이 무시당하는 인간사의 세태를 날카롭게 꼬집고 있는 것이다. 이것이 정진헌 시의 에피그람적 위트다. 이러한 위트는 정진헌 시를 재미있게 읽는 원동력이 된다. 발레리는 문학의 기능을 사과에 비유한 바 있다. 향기롭고 맛있는 사과를 먹으면, 사과는 몸속에 들어가 영양소가 섭취된다. 이때 '맛있는 사과'는 문학의 쾌락적 기능, 영양소는 교시적 기능을 의미한다. 정진헌 시에서 달콤한 사과즙을 맛보며, 동시에 영양소를 섭취할 수 있는 것이다. 그것이 그의 시의 위트의 매력이다.

2. 존재론적 성찰

　정진헌 시의 우주적 상상력은 지상의 현실적 삶에 투사되어 존재론적 성찰로 변용된다. 그의 존재론적 성찰은 때로는 노장철학의 섭리로, 때로는 냉철한 자아성찰의 거울로, 때로는 일상성에 함몰된 현대인의 초상화로 그려진다.
　주지하다시피 노장 철학의 핵심은 공空사상에 있다. 금반지의 본질이 빈 공간에 있고, 수레바퀴의 원리가 텅 빈 자리에 있듯이, 모든 사물과 세계의 본질이 유有가 아닌 무無에 있다는 진리가 노장철학의 근간이다. 색즉시공, 공즉시색이라는 불교의 원리도 이러한 노장철학의 연장선상에 있다. '있는 것이 없는 것이고, 없는 것이 있는 것'이라는 역설적 진리가 불교철학의 근간을 이루고 있는 것이다. 그러한 불교의 진리를 침묵의 언어로 형상화해 낸 것이 한용운의 『님의 침묵』이었던 것이다. 정진헌의 시에는 이러한 『님의 침묵』의 '침묵'이 조용히 흐르고 있다.

　　텅 빈 가슴 하나
　　채우기 위해 나는
　　또
　　하나의 가슴을 버려야만 했다.
　　―「모래시계 1」부분

　　당신에게 아픔이 있으면
　　비우고 또 비우겠습니다
　　당신에게 행복이 있으면

채우고 또 채우겠습니다
……

내 모든 것을 다 버리겠습니다
내 빈자리
언젠가 당신이
조금씩 채워 줄 것을 믿기 때문입니다
―「모래시계 3」 부분

예시는 당신과 나 사이의 사랑의 미학을 역설의 방법으로 풀어내고 있다. 그 역설의 방법은 '비움으로 채우기'이다. 「모래시계 1」에서 '텅 빈 가슴 채우기' 위해 택한 방법이 가슴을 버리는 것, 즉 가슴을 비우는 일이었다. 가슴을 비움으로 가슴을 채운다는 역설, 그것이 의미하는 것은 무엇일까. 그 의미는 「모래시계 3」에서 확연히 드러난다. 내 가슴을 비운다는 것은 곧 나의 욕망을 버린다는 것이고, 그렇게 내 가슴을 비워야 비로소 당신의 행복이 채워질 수 있는 것이다. 곧 '내 가슴 비우기'는 곧 '당신 행복 채우기'인 셈이다. 비움으로 채우는 역설적 진리, 그것이 바로 사랑의 미학이요, 본질임을 시인은 간파하고 있다. 「청춘」에서도 청춘의 추억을 '빈 잔을 채울/ 아름다운 추억'으로 인식하고 있다. 낙화의 빈자리에 아름다운 꽃이 피어나듯, 인생의 빈 자리를 영원히 채워 주는 것은 청춘의 추억인 것이다.
이러한 역설적 상상력은 자연 현상 속에서도 현현된다.

더 이상
빈 그릇이라 부르지 마라

앙상한 계절의 선반 위에 놓인
빈 그릇이라 부르지 마라

빈 그릇을 채우기 위해
제 살을 도려냈던 나를
가슴까지 비워 주었던 나를
……
허기진 배를 채우기 위해
음식을 담지 않았다
버려야만 채워지는 빈 그릇
―「겨울나무」 부분

겨울은 나무가 옷을 벗는 나목의 계절이다. 잎을 떨군 채 맨몸으로 서 있는 겨울나무는 '비움'이 주는 의미론적 표상이다. 하지만 시인은 나목을 '빈 그릇'으로 부르지 말라고 외치고 있다. 겨울나무의 비움의 진리를 빈 그릇에 대입시키고 있는 것이다. 그렇다면 '빈 그릇'의 진리는 무엇인가. 그릇은 음식을 채우기 위한 도구이다. 하지만 채워진 음식은 비워지기 마련이다. 음식을 비운 그릇은 다시 비어 있는 상태로 돌아간다. 바로 그 비어 있는 상태, 그것에 그릇의 본질이 있음을 시인은 간파하고 있다. 단지 허기를 채우기 위해 음식을 담아놓는 것은 무의미한 일이다. 허기는 욕망이고, 욕망은 일시적 욕구에 불과한 것이다. 그릇의 본질은 일시적 욕구 충족에 있지 않음을 깨닫고 있는 것이다. 이처럼 시인은 비어 있음의 철학, 즉 공철학의 본질을 깨닫고 있다.

이러한 공철학의 사유는「달래강」에서도 여실히 드러난다.

시인은 '강은 빈 자리를 채우기 위해/ 또 다시 제 몸을 덮어만 갔다/ 그것이 또 다른 아픔인 줄 모른 채'라고 노래한다. 강은 빈자리를 채우고, 또 그것을 비워내며 흐른다. 채우고 비우며, 비우고 채우는 일의 영원한 반복이 강의 존재론적 운명이다. 마치 희랍신화의 주인공 시지프처럼 다시 떨어질 줄 알면서 산꼭대기에 돌을 계속 밀어 올려야 하는 것이다. 「달래강」은 이처럼 시지프 신화의 모티브를 바탕에 깔고 있다.
 이러한 공철학의 사유는 때로 글쓰기의 동기로 구현되기도 한다.

> 비어있음
> 생의 존재를 채울 수 있는 빈 잔
> 글을 쓴다는 것이
> 그렇게 빈 잔에 언어를 붓는 것일까
> 마음 하나로 살기 힘든 세상
> 무엇으로 텅 빈 가슴 가득 채우랴
> ......
> 나의 두 눈
> 어둠속을 볼 수 있다면
> 그렇게 빈 잔에 언어를 붓는 것이다
> 오직 하나의 잔을 채우기 위해서다
> 오늘 만큼
> 빈 잔에 채워진 존재의 언어들,
> 붉다
> ―「글을 쓴다는 것이」 부분

윤동주는 자신의 시작詩作 행위를 '하늘을 우러러 한점 부끄러움이' 없는 윤리적 자아실천으로 인식했다. 예시는 이처럼 시작에 임하는 시인의 윤리적 선언이라 할 수 있다. 도대체 왜 나는 시를 쓰는 것일까, 나에게 있어 시 쓰는 일은 무엇인가라는 근본적인 물음을 던지고 있다. 그 답은 '빈 가슴에 언어를 채우는 일'이다. 그리고 그것은 생의 존재를 채우는 빈 잔으로 묘사되고 있다. 잔에 술을 붓듯이 존재의 언어로 가슴을 채우는 것, 그것이 정진헌의 시작 행위의 본질이다. 술 한잔으로 얼굴이 붉어지듯이 시인은 존재의 언어로 영혼이 붉게 물들 것을 소망하고 있는 것이다. 붉어진 영혼, 곧 충만한 영혼은 진실의 언어가 가슴에 채워짐으로 가능한 일이다. 진실을 담은 영혼의 언어, 그것이 정진헌이 지향하는 시적 언어이다.

3. 일상성의 조명과 생의 의지

정진헌의 시안詩眼은 늘 일상적 삶에 초점이 맞춰져 있다. 일상의 삶에 비쳐진 어두운 음영과 고단한 생의 그림자가 그의 시 기저에 깔려 있다. 생의 한가운데서 어두운 생의 바다를 비춰주는 등대가 그의 시이고, 그 빛을 지키는 외로운 등대지기가 시인이다.

무엇보다 정진헌의 생활시는 삶의 일상성에 초점을 맞춘다. 일상성에 함몰된 채 다람쥐 쳇바퀴 돌듯이 일상의 삶을 영위하는 현대인의 초상을 부조浮彫하고 있다.

무엇을 위해
누구를 위해

너는 그렇게 모래알들을
쌓아만 가는가
너의 영원한 호흡 속에
여전히
남겨진 것은 생채기 뿐
……
가슴에 멍이 들고
하얀 거품을 토해 내면서
너는 그렇게 모래알들을
쌓아만 가는가
―「파도」부분

파도는 물거품을 일으키며 바닷가에 모래알들을 쌓는다. 그러나 다시 파도에 씻겨 모래는 흔적도 없이 하얀 생채기만 남긴다. 하지만 파도는 '가슴에 멍이 든' 채로 똑같은 일을 반복한다. 무의미한 행위의 반복, 그것이 파도의 운명이고, 존재의 조건이다. 그 파도를 닮은 것이 인간사임을 시인은 간파하고 있다. 쉼 없이 파도가 모래알을 쌓듯이, 인간은 일상의 모래탑을 쌓아야 한다. 일상의 모래탑은 흔적도 없이 사라진다. 이러한 시지프적 운명은 현대인이 피할 수없는 존재조건이다. 스테레오 타잎streo-type화된 채, 무의미한 일상을 반복하는 현대인의 우울한 초상이 파도의 '하얀 거품'으로 각인되고 있다. 거품 같은 삶, 껍데기 같은 일상에 매달린 채 신음하는 현대인의 모습이 형상화되어 있는 것이다.

이러한 현대인의 초상은 그의 생활공간인 아파트에서 좀 더 선명하게 드러난다.

아침마다 공중에 떠 있는 집
안개가 걷히면 이웃들이 벽속으로 숨는 집
아무도 찾지 않는 집
인사와 기다림이 없는 집
……
문에 광고 전단지만 덕지덕지 붙어 있는 집
술먹고 부부싸움하는 소리가 잘 들리는 집
마트가 있어 편리한 집
주차장이 있어 편리한 집
참 이기적인 집, 참 현실적인 집
―「아파트」부분

시인은 현미경을 들고 아파트의 구석구석을 파헤치고 있다. 아파트는 현대인의 일상이 유지되는 삶의 공간이다. 따라서 아파트에서의 삶은 현대인의 자화상이고, 현대인의 삶의 초상화이다. 그러나 불행히도 아파트의 모습은 일상과 불통의 벽으로 갇혀 있다.

아파트에는 하루의 일상이 고스란히 축약되어 있다. 남편은 '주차장'의 차를 타고 출근하고, 아내는 '마트'에 나가 장을 본다. 벽에 붙은 '광고 전단지'를 보고 물건을 주문하고, 때로는 '부부 싸움' 소리도 들린다. 하지만 그 뿐, '아무도 찾지 않고, 인사와 기다림이 없는' 집이다. '안개가 걷히면 이웃들은 벽속으로 숨는'다. 그래서 아파트는 지상에 놓인 집이 아니라 '공중에 떠 있는 집'이 된다. 지상에 있으면서 지상에 존재하지 않는 공간의 모순, 그것은 결국 존재의 모순이다. 존재하면서도 결국 존재하지 않는 것이다. 그것이 바로 현대인의 삶의 모습이다. 현대인은 그처럼 '무존재로 존재'하는 허위의 삶 속에 묻혀 있다.

　이러한 허위의 삶에 대한 성찰은 곧 시인 자신의 삶을 비춰보는 거울로 다가온다. 현대인의 초상을 비춘 거울로 자신의 내면을 비추고 있는 것이다.

　　여기는 지식의 연장선상
　　자정이 넘도록 지루한 문제만 풀어주고
　　채찍으로 아이들을 체벌하고
　　수업시간 내 침묵과 복종을 강요하고 있다

　　현실과 이상의 교집합
　　아이들의 머리 숫자가 돈으로 환산되고
　　다람쥐처럼
　　쳇바퀴 속에 넣고 돌리는 선생이 되었다

　　저만치 서 있는 가로등처럼
　　아이들에게 빛이 될 수 있을지

　　나는 선생이 아니다
　　―「나는 선생이 아니다」 전문

　시적 자아는 학원 선생이 되어 지식팔이로 연명하고 있다. 아이들의 머리 숫자를 돈으로 환산하며, 수업시간 내 침묵과 복종만 강요하는 품팔이 강사인 것이다. 자정까지의 고단한 수업을 끝낸 후, 백묵가루 묻은 손으로 소주잔을 기울이며, 시인은 뼈아픈 자성에 이른다. 뼈아픈 자성은 곧 '나는 선생이 아니다'라는 절망적 외침으로 마무리된다. 아이들의 귀가 길을 비춰주는 가로등보다 못한 패배자임을 처절하게 깨닫고 있는 것이다. 한낱 가로등 보다 못한 존재인 시적 자아는, 아이들에게 돌린 쳇바퀴 속에 스스로 함몰되고 있는 것이다.

하지만 시인은 삶을 결코 포기하지 않는다. 일상의 늪에서 허우적거리고 있지만 생의 의지는 뚜렷하다. 그는 '겨울산행'을 통해서 삶의 의지를 다짐하고 있다.

> 초라하고
> 비굴하게
> 겨울 끝자락에 붙어
> 울고 있는 잎처럼 살지는 말자
>
> 차라리 다 버리고
> 지상으로 내려와
> 한줌의 거름이 되자
> 흙이 되자
> ―「겨울산행 2」부분

현대인의 삶, 일상인의 삶으로서의 허위의 늪에서 벗어나는 탈출구를 시인은 겨울나무에 붙어 있는 나뭇잎에서 발견한다. 겨울나무에 붙어 '초라하고, 비굴하게' 생을 연명하는 잎이 되지 말고 차라리 지상으로 떨어져 '한줌의 거름이 되고, 흙이 되자'고 시인은 절규하고 있다. 거름이 되고, 흙이 되는 삶, 그것

은 자신을 위한 이기적 삶이 아니라 남을 위한 이타적인 삶이
다. 헌신적이고, 희생적인 삶의 길이다. 그것이 시인이 발견한
진정한 삶의 도정이다. 혹한기에 남은 불씨처럼, 허위의 삶을
불태울 수 있는 생의 불씨를 살려 내고 있는 것이다. 그 불씨는
시인의 삶과 시를 비춰주는 구원의 불빛이 될 것이다.

4. 소셜 휴머니즘social humanism

정진헌의 일상의 조명은 단지 생활현장의 스케치에 그치지
않는다. 삶의 현장에 드리운 어두운 생의 그림자를 포착하고,
그 구조적 모순을 파헤친다. 이런 점에서 정진헌은 리얼리스
트 시인이다. 하지만 그의 사실주의적 시각은 고발과 비판의
경계를 넘어 앙가쥬망engagement의 단계에 이르지는 않는다. 그
의 사실주의적 지평은 휴머니즘 영역으로 승화된다. 다시 말
해 정진헌은 휴머니즘을 바탕으로 한 사실주의적 세계관을 견
지하고 있는 것이다. 그의 사실주의적 관심은 현실자체의 구
조적 모순보다는 현실을 끌어가는 생의 주체에 있다. 생활현
장에서 밑바닥 삶을 영위해 가는 소외된 계층에 연민과 애정의
시선을 보내고 있는 것이다. 이런 점에서 그의 시의 본령은 휴
머니즘이라고 할 수 있다. 사회 현실에 바탕을 둔 휴머니즘, 말
하자면 소셜 휴머니즘이 정진헌 시의 근간이다.

    천호동 은성 재활용 센터
    늙은 리어카꾼들이 주워 온 삶의 조각들이
    커다란 곡선을 그리며 쌓여만 가고 있다

새벽부터 김노인은
어둠에 출렁이는 빈 리어카를 끌고 길을 나선다
그깟 몇 푼 벌어 보겠다고
네온싸인에 취해 흐느적거리는 술집 골목을
주택가를 돌고 있는 것이다

한 많은 세월 함께 울어 줄
친구도 없는 외로운 골목길

김노인은 가파른 고갯길에 올라
담배 한 모금 깊게 빨아대며
어둠에 젖은 까만 아스팔트길을 지워본다
— 「김노인」 부분

시의 주인공 김노인은 리어카에 폐품을 모아 생계를 유지하고 있다. 새벽부터 리어카를 끌고, 주택가를 돌며, 가파른 고갯길을 오른다. 그의 고달픈 일상은 네온싸인이 내리는 밤으로 이어진다. 하지만 손에 쥐는 것은 '그깟 몇 푼', 최저 생활비로 밑바닥 인생을 꾸려가고 있다. 그가 주워 온 '삶의 조각'은 결국 고달픈 그의 인생의 파편이고, '어둠에 출렁이는 리어카'는 고난의 바다를 항해해 온 그의 생의 표상이다. '삶의 조각, 어둠'은, 김노인의 '한 많은 세월'을 장식해온 소도구인 것이다. 그가 고단한 하루의 일상에서 잠시 쉬어가는 곳은 깊게 빨아들이는 '담배 한 모금' 뿐이다. 담배 한 모금을 친구삼아 외롭고, 고단한 노년의 고갯길을 쓸쓸히 넘어가고 있다.

시인은 김노인의 고단한 하루의 일상에서 밑바닥 인생을 살아가는 자들의 슬픔과 고통을 읽어내고 있다. 그리고 그들과 그들의 삶을 연민의 정으로 끌어안고 있다. 비록 밑바닥 인생이지만 '언제라도 허물어질 그들의 성전'을 함께 꿈꾸고 있는 것이다. 그들의 차가운 가슴에 한 모금 담배 불로 위안의 불을 지피고 있는 것이다.

「나를 버린다」는 가난하지만 의미 있는 삶을 살아가는 노인의 모습을 그린다. 이 시의 주인공 역시 폐품을 모아 근근히 살아가는 노인이다. '폐지가 없는 날엔 주름진 세월 지팡이삼아/ 허기진 기침'을 난간에 쏟아 놓으며 '소리없이 울어대는 싸늘한 등살의' 주인공이다. 이렇게 자기 한 몸 지탱하기 힘든 삶을 영위하면서도 그는 결식아동을 돕는데 앞장서고 있다. 자기보다 더 힘든 삶을 사는 이들에게 구원의 손길을 내미는 것이다. 가난한 자의 베품, 없는 자의 축복을 빌고 있는 것이다. 이것이야말로 진정 휴머니즘의 참 모습이 아니던가. '버려진 것들이 버림받은 자들에게 삶이 되고'(「나를 버린다」), 축복이 되는 경지, 그것이 휴머니즘의 구경究竟일 것이다.

시인의 휴머니즘의 눈길과 손길은 때로 고단한 삶을 영위해 가는 맞벌이 부부로 옮겨간다. 「새안길」이 그것이다.

    천호3동 새안길
    아직도 뻐꾸기처럼
    남의 집에 알을 낳았다
    ......

    새벽녘 우는 아이 달래며
    어린이집 가자고
    한바탕 실랑이 하던

젊은 맞벌이 부부
자정이 넘었는데도 소식이 없다
……
골목길 전선 아래
고된 하루를
언제 떨어질지 모르는 위태로움으로
그렇게라도 생을 붙잡은 채
새벽을 덮는다
—「새안길」부분

맞벌이로 생계를 꾸려가는 젊은 부부의 고단한 일상이 리얼하게 펼쳐지고 있다. 맞벌이 부부는 뻐꾸기처럼 남의 집 세간에 아이를 낳고, 어린이집에 아이를 맡긴 채 하루를 시작한다. 아이는 '울어줄 어미도, 친구도 없는 빈 자리'(생략부분)를 지킨 채, '외로움으로 허기를 달래며' 하루를 보내야 한다. 자정이 넘어서도 '골목길 전선 아래' 덩그렇게 놓인 '뻐꾸기집'은 적막감이 돈다. 이처럼 맞벌이 부부는 '언제 떨어질지 모르는 위태로움'으로 이어지는 일상이지만 '그렇게라도 생을 붙잡은 채' 하루하루를 살아내야 한다.
골목길에 늘어진 전선처럼 생의 낭떠러지에 매달린 채 위태로운 하루를 연명해가는 군상들, 그것이 어찌 이 시의 주인공들뿐이겠는가. 이 시대의 어두운 암각화요, 슬픈 초상화일 것이다. 시인은 그들에게 따뜻한 연민과 사랑의 시선을 보내고 있다. 이러한 암울한 시대의 초상화를 통해 실로 소셜 휴머니즘의 정수를 보여주고 있는 것이다. 이러한 연민의 시선은 때로는 분주한 도심의 거리에서 채소를 파는 할머니의 주름살에

(「신천 로데오 거리에서」), 때로는 실직으로 아내 대신 집안에서 아이를 돌보며, 묵묵히 침묵으로 버티며 살아가는 실직 가장으로(「실직 2」) 이어진다.

5. 가족애의 초상

이런 소설 휴머니즘의 시각은 다시 가족애의 지평으로 이동한다. 정진헌 시 도처에 훈훈하고, 애잔한 가족애의 향훈이 묻어난다. 다시 한번 정진헌 시의 본령이 휴머니즘의 세계관에 물꼬가 닿아 있음을 확인할 수 있다. 가족애의 층위는 할머니로부터 손주에 이르기까지 대가족의 면면을 드러낸다. 그 중에서도 두드러진 것은 아버지의 초상이다. 이는 아마도 평생 가족의 생계를 책임지고, 고단한 삶을 영위한 부친의 희생과 노고에 대한 존경과 연민 때문일 것으로 보인다.

희뜩희뜩한 아버지의 머리칼
세월을 달구질하는 힘겨움인가
……
청 보리 위로
주름지어 흘러가는 아버지의 인생
허름한 가슴에
붉은 울음조차 말라 풀씨되어 날린다

하얀 뼈마디 삶의 무게
말갛게 소주잔에 넘쳐나고
하루는 또 다시 장다리꽃처럼 피어난다

─「아버지1」부분

'세월을 달구질하는 힘겨움'으로 아버지의 머리칼은 이제 '희뜩희뜩' 세었다. '소슬한 시골전답'(생략부분)을 힘겹게 부치며, 가족의 삶을 이끌어 온 아버지, '주름져 흘러온' 세월로 이제는 '허름한 가슴'에 흐르던 '붉은 울음'마저 '마른 풀씨되어' 날리고 있다. 얼굴에 주름이 지고, 가슴은 마른 풀씨처럼 가벼워졌다. 아버지가 드시는 말간 소주잔에 당신의 앙상한 뼈마디가 비친다. 이처럼 아버지의 초상을 구성하는 '희뜩희뜩한 머리카락, 주름진 얼굴, 허름한 가슴, 하얀 뼈마디'는 고단한 삶을 꾸려온 아버지의 생의 흔적들이다. 그는 평생 가족을 위한 희생과 헌신의 길을 걸어 왔다. 장다리꽃처럼 피어나는 하루, 그것은 고단한 노동의 하루를 의미한다. 장다리꽃은 심미적 대상으로서의 관상화觀賞花가 아니라 농사와 삶의 표상이 되는 농사꽃인 것이다. 장다리꽃을 키우며 살아온 아버지의 일생이 묻어 있는 것이다. 희생과 헌신으로 살아온 아버지의 초상을 붙들고 시인은 자식으로서의 연민과 슬픔에 잠긴다.

「고무장화」에서도 아버지의 헌신적 삶은 이어진다. 아버지는 논밭에 나갈 때는 꼭 고무장화를 신는다. '발바닥이 통통 부르트고', '무좀에 허연 살을 뜯어내면서도' 고무장화를 고집한다. 물론 고무장화를 신어야 진흙을 제대로 밟을 수 있기 때문이다. 고무장화처럼 '무거운 하루를 한발 한발 옮기시며' 묵묵히 인생을 살아 온 것이다. 고무장화가 해지면 다시 본드로 구멍을 메워 가며 살아온 아버지의 모습에서, 가장으로서의 무거운 책임감이 묻어난다. 가난한 살림을 꾸려가기 위해 고무장화 하나 제대로 사신지 않는 희생적 삶을 살아 온 것이다.

아버지에 대한 자식으로서의 사랑과 연민은 「물방울」에 이르러 한 방울의 눈물로 승화된다. 옥천 장날 아버지와 함께 간 목욕탕에서 시인은 아버지의 나신을 본다. 아버지 등을 밀다가 수술자국을 발견하고, 그 모습이 안쓰러워 시인은 아버지의 '검게 굽은 작은 등'을 밀고, 또 밀어준다. 그러다 마침내 자식은 눈물을 흘리고 만다. 나이 먹고 여윈 아버지에 대한 연민의 눈물이 '이마 위에 떨어진 천장위의 물방울'로 떨어진 것이다. 그밖에 「수해 2」는 수해의 고통에서 신음하는 아버지의 슬픔을, 「가을」은 가을이 되면 수확이 제대로 될까 노심초사하는 아버지의 모습을 그리고 있다. '가을이 되면 얼굴이 까맣게 타는 해바라기'와 '가을이 되면 속이 까맣게 타는 아버지'가 묘한 대비를 이루고 있다.

어머니에 대한 사랑도 가족애의 중심을 이룬다.

어머니 가슴이
메마른 이유는
나를 위해 그렇게
눈물을 흘렸기 때문입니다

어머니 손발에
굳은살이 박힌 이유는
나를 위해 그렇게
어둠 속을 걸었기 때문입니다

어머니 얼굴이
새까만 이유는

나를 위해 그렇게
쉬어갈 그늘을 내렸기 때문입니다
― 「어머니 2」 부분

  시인은 어머니의 모습에서 평생 희생으로 살아온 성자의 모습을 그려본다. 메마른 가슴, 굳은살이 박힌 손발, 새까만 얼굴, 그 모두가 자식 사랑을 위한 헌신과 희생의 흔적이다. 어머니와 어머니의 삶은 오직 자식 사랑에 그 존재 이유가 있다. 자식을 위해 가슴과 손발, 얼굴까지 희생한 헌신의 길, 그 숭고한 사랑은 성자의 그것에 다름 아닐 것이다.
  「어머니 2」에서 다리가 불편함에도 불구하고 생계를 위해 일당 2만원을 받고, 묘목심기에 나선 어머니 모습이 그려진다. 고단한 노동을 마치고 돌아온 어머니의 팔다리도 주물러 주지 못하고, 떠나는 자식들에게 어머니는 '걱정 허덜 말고, 밥들 잘 챙겨먹으라'는 위로의 말을 전한다. 오직 자식들에 대한 내리사랑으로 점철된 어머니 생애에도 이제는 '어둡고 주름진 고랑이' 깊게 파여 있다. 일당 2만원 때문에 고된 노동을 하는 어머니지만 '반찬이며, 과일이며 약들을 검은 봉지에 담는다'(「검은 봉지」). 자식은 냉장고와 베란다에 가득 담긴 어머니의 그 을린 손길에서 어머니의 그윽한 사랑의 숨결을 듣고 있다. 「수해 1」에는 수해 없길 비는 어머니의 눈물 자욱이 흥건히 고여 있다. 이처럼 시인은 어머니의 초상에서 시인은 희생과 헌신으로 평생을 살아 온 성자의 모습을 그려내고 있다.
  그밖에 「도서관에 간 아빠」에서는 강사 노릇에 매달려 아빠 구실을 못하는 부모로서의 자식에 대한 애틋함이 서려 있으며, 「소남이」는 '한번 선생님은 영원한 선생님'이라는 소박한

믿음을 가진 제자와의 애틋한 사랑을 그리고 있다.「실버카」는 실버카에 남은 생애를 의지하며 살아가는 나이든 할머니의 일상,「운동화」는 할머니가 사다 준 운동화를 신고 좋아하는 손주의 모습을 그리고 있다. 모두 사랑의 초상화인 것이다.

　이렇게 볼 때 정진헌의 시는 실로 휴머니즘의 보고寶庫라 칭할 수 있다. 소외된 사회적 약자들에 대한 연민에서, 성자의 삶을 꾸려온 부모님에 대한 애절한 사랑에 이르기까지, 휴머니즘의 잔잔한 물결이 심연을 이루고 있다. 이 시대의 진정한 휴머니스트, 그 아름다운 초상화를 정진헌의 시가 그려내고 있는 것이다.

정진헌

정진헌 시인은 충남 금산에서 태어났으며, 유년시절을 충북 영동군 양산면에서 보냈다. 건국대학교 국어국문학과를 졸업하고 동대학원에서 문학박사 학위를 받았다. 2004년 《충청일보》 신춘문예로 등단했으며, 현재 건국대학교와 국립안동대학교에 출강 중이다. 그리고 건국대학교 동화와번역연구소에서 아동문학을 연구하고 있다. 논문으로 「일제 강점기 한국 창작동요 연구」, 「일제 강점기 그림동요 연구」, 「일제 강점기 동화시 연구」 등이 있다.
정진헌 시인의 첫시집 『겨울나무는 잎을 버린다』는 휴머니즘의 보고寶庫라 칭할 수 있다. 소외된 사회적 약자들에 대한 연민에서, 성자의 삶을 꾸려온 부모님에 대한 애절한 사랑에 이르기까지, 휴머니즘의 잔잔한 물결이 심연을 이루고 있다. 이 시대의 진정한 휴머니스트, 그 아름다운 초상화를 그려내고 있는 것이다.

이메일 : cyjjh@hanmail.net

정진헌 시집
겨울나무는 잎을 버린다

발 행 2014년 10월 10일

지 은 이 정진헌
펴 낸 이 반송림
편집디자인 김지호
펴 낸 곳 도서출판 지혜
          계간시전문지 애지
기획위원 반경환 이형권 황정산
주   소 300-812 대전광역시 동구 선화로 203-1 2층 도서출판 지혜 (삼성동)
전   화 042-625-1140
팩   스 042-627-1140

전자우편 ejisarang@hanmail.net
애지카페 cafe.daum.net/ejiliterature

ISBN : 979-11-5728-010-0 03810
값 9,000원

이 책의 판권은 지은이와 도서출판 지혜에 있습니다.
양측의 서면 동의 없는 무단 전재 및 복제를 금합니다.